Arena-Taschenbuch

Band 50710

Weitere Bücher für Erstleser im Arena-Taschenbuch:
Knister: *Die Sockensuchmaschine* (Band 50060)
Franz S. Sklenitzk: *Mein Freund Pepe Wasserschwein* (Band 50061)
Mira Lobe: *Das Schlossgespenst* (Band 50062)
Irmela Wendt: *Wo kleine Igel sind* (Band 50065)

Maria Seidemann
erlernte den Beruf einer Archivarin und studierte Geschichtswissenschaft. Seit 1974 war sie freischaffende Autorin. Sie schrieb Romane, Erzählungen, Hörspiele, Drehbücher, Kinder- und Jugendbücher, für die sie zahlreiche Preise und Auszeichnungen erhielt.

Bernhard Lassahn
ist 1951 in Coswig geboren. Er lebt mit seiner Frau und seiner Tochter in Hamburg. Als Kinderbuchautor ist er allgemein bekannt durch Käpt'n Blaubär, der so viel Seemannsgarn zusammenspinnt, dass ihm sogar seine äußerst schlauen Bärenenkel manchmal auf den Leim gehen. Bernhard Lassahn schreibt nicht nur für Kinder, sondern seit vielen Jahren auch für Erwachsene.

Lorenzo Orlandi,
geboren 1949, studierte Technisches Zeichnen und Grafik-Design an der Schule für Angewandte Kunst am Castello Sforzesco in Mailand. Nach Jahren redaktioneller, schriftstellerischer und lehrender Tätigkeit illustriert er seit 1979 hauptberuflich Bücher und Zeitschriften.

Peter Klaucke
ist 1943 geboren und studierte in Köln Kunst. Er lebt mit Frau und Tochter (die zu seiner Freude auch Kunst studiert) in Frechen. Peter Klaucke malte und zeichnete bereits weit über hundert Bücher.

Maria Seidemann / Bernhard Lassahn

Auf den Spuren von Römern, Rittern und Piraten

Spannende Abenteuergeschichten
für Erstleser

Mit farbigen Bildern von
Lorenzo Orlandi und Peter Klaucke

Arena

FSC
www.fsc.org
MIX
Papier aus verantwortungsvollen Quellen
FSC® C110508

1. Auflage als Limitierte Sonderausgabe im Arena-Taschenbuch 2015

Einband- und Innenillustrationen: Lorenzo Orlandi und Peter Klaucke
Umschlagtypografie: KCS GmbH · Verlagsservice & Medienproduktion, Stelle/Hamburg
Sondergestaltung: komm Design/achkomm.com/Würzburg
Gesamtherstellung: Westermann Druck Zwickau GmbH
ISSN 0518-4002
ISBN 978-3-401-50710-1

www.arena-verlag.de

Maria Seidemann

Das alte Rom

Mit farbigen Bildern
von Lorenzo Orlandi

Marius und seine Freunde

Jeden Morgen gehen Marius und sein Freund Lucian gemeinsam in die Schule.
Die Sonne ist gerade erst aufgegangen, aber die Straßen der großen Stadt Rom sind schon voller Leute, die ihren Geschäften nachgehen.
„Was ist mit dir los?“, fragt Lucian. „Du bist so still!“
„Ein Bote ist gekommen“, antwortet Marius. „Das Schiff meines Vaters …“
„Ist es untergegangen?“, unterbricht ihn Lucian entsetzt. „Im Sturm? Oder ein Piratenüberfall?“
Marius muss lachen. „Nein! Das Schiff ist heil aus Ägypten zurückgekehrt, beladen mit Weizen, und wird schon bald im Hafen erwartet.“

„Dann müsstest du dich doch freuen?!“
Bedrückt hebt Marius die Schultern.
„Mein Vater bringt auf dem Schiff einen griechischen Sklaven mit. Dieser Sklave spricht mehrere Sprachen und ist außerdem ein Rechenmeister. Er soll mich unterrichten. Ich muss Griechisch lernen und Rechnen, damit ich in das Geschäft meines Vaters eintreten kann. Wir gehen heute zum letzten Mal zusammen in die Schule!“

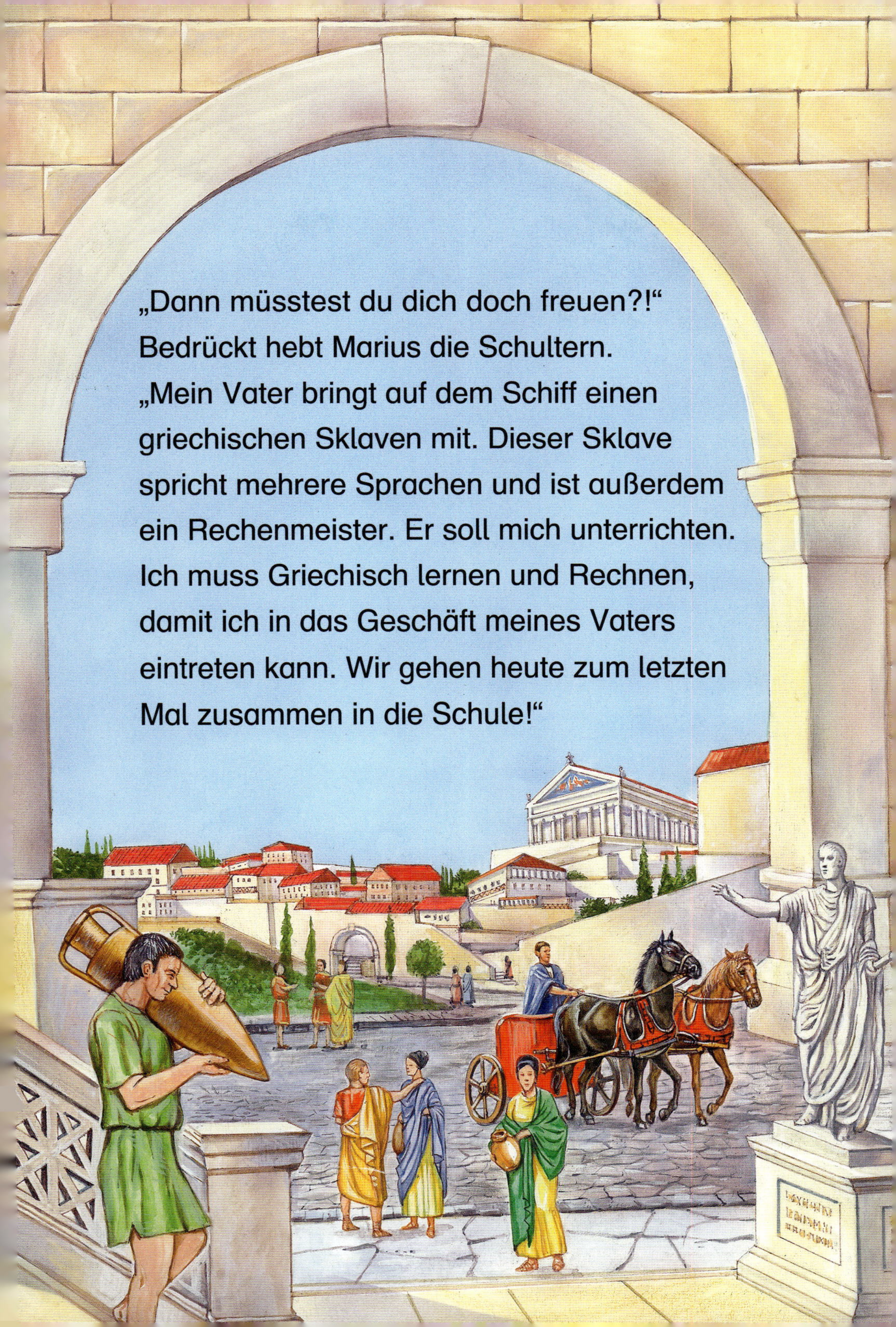

Lucian nickt. „Du musst viel mehr wissen als das, was wir in der Schule lernen können! Mein Vater ist zwar kein vornehmer Römer, aber Griechisch will ich auch lernen. In unserer Möbelwerkstatt arbeitet ein griechischer Schnitzer, der bringt es mir bei. Bleiben wir Freunde, Marius? Auch wenn du nicht mehr in die Schule kommst?"
Marius öffnet den Mund, aber statt zu antworten, ruft er: „Es brennt! Dorthinten!"
Über dem benachbarten Stadtviertel steht eine dunkle Rauchwolke!
Marius und Lucian rennen zu der Unglücksstelle. Ein mehrstöckiges Mietshaus ist völlig ausgebrannt. Mit lautem Krachen stürzt es zusammen. Die Löschtruppe treibt die Schaulustigen zurück.

Plötzlich erblicken die beiden Freunde am Straßenrand ein bekanntes Gesicht. Das ist ihr Schulkamerad Paulinus! Lange haben sie ihn nicht gesehen, weil er nach dem Tod seines Vaters nicht mehr zur Schule kam. Das Feuer hat Paulinus mit seiner Mutter und zwei kleinen Schwestern obdachlos gemacht.

Traurig stehen sie neben den rauchenden Trümmern. Was soll jetzt aus ihnen werden?
„Ihr kommt mit zu mir nach Hause!“, sagt Lucian entschlossen. „Meine Mutter wird euch Bett und Mahlzeit geben. Und mein Vater weiß bestimmt Rat, wie es weitergehen soll! Vielleicht kann Paulinus in unserer Werkstatt arbeiten.“
Während Marius noch überlegt, was er sagen oder tun könnte, ist Lucian mit seinen Schützlingen schon fort.

Viel zu spät kommt Marius in die Schule.
Der Lehrer schlägt ihn mit der Rute.
Da verliert Marius die Beherrschung. Er schreit, dass er sowieso nicht mehr kommt, weil er in der Schule nicht genug lernt! Ab morgen hat er einen eigenen Lehrer, einen viel besseren!
Er reißt sich los und rennt weg.
Als Marius nach Hause kommt, macht die Mutter ein strenges Gesicht: „Dein Lehrer war gerade hier!“

Der Großvater erwartet Marius im Atrium.
Marius bekommt Schelte, weil er den Lehrer beleidigt hat: „Wie konntest du dich so unehrenhaft verhalten?“
Stockend berichtet Marius von dem Brand.
„Und was hast du getan, um deinem Freund zu helfen?“, fragt der Großvater.
Marius schweigt.
Der Großvater sagt: „Morgen werde ich Lucians Vater aufsuchen, um Tisch und Stuhl für deinen Unterricht zu bestellen. Du begleitest mich und bietest deinem Freund Paulinus unsere Hilfe an.“

Das Römische Reich

Das Römische Reich war eines der bedeutendsten Weltreiche in der Geschichte der Menschheit. Obwohl es schon seit vielen Jahrhunderten nicht mehr besteht, erscheint es uns nicht fremd. Denn im alten Rom wurzeln wichtige Teile unserer eigenen Geschichte und Kultur. Die lateinische Sprache, die im Römischen Reich gesprochen und geschrieben wurde, ist die „Mutter" vieler europäischer Sprachen.

Die Geschichte des Römischen Reiches gliedert sich in mehrere Abschnitte: Königtum, Republik, Kaiserreich. Seine größte Macht erreichte Rom während der Kaiserzeit.

Vom Dorf zum Weltreich

Wer nach Rom kommt, kann im Museum eine Wölfin aus Bronze besichtigen. Sie gilt als Wahrzeichen Roms. Aber warum säugt die Wölfin statt junger Wölfe zwei Menschenkinder?

Eine Legende erzählt, dass die Zwillinge Romulus und Remus als Säuglinge in der Wildnis ausgesetzt und von einer Wölfin aufgezogen wurden. Als erwachsene Männer sollen sie dann im Jahr 753 vor Christus Rom gegründet haben.

In Wirklichkeit entstand Rom aus einzelnen Bauern- und Fischerdörfern, die auf sieben Hügeln am Fluss Tiber lagen. Innerhalb weniger Jahrhunderte wuchs aus diesen Siedlungen ein Weltreich, das fast den gesamten damals bekannten Erdkreis beherrschte.

Zunächst wurde von Rom aus ganz Italien erobert, danach in mehreren Kriegen das nördliche Afrika (Karthago). Schließlich gehörten sämtliche Gebiete rings um das Mittelmeer zum Römischen Reich.

Rom – Mittelpunkt des Reiches

Zur Zeit des Kaisers Trajan um das Jahr 117
hatte das Römische Reich seine größte Ausdehnung.
Es reichte von Spanien bis nach Syrien,
von Ägypten bis nach Britannien.

Als Mittelpunkt des Reiches war die Hauptstadt Rom besonders groß und prächtig. Von hier aus wurde das riesige Reich regiert und verwaltet. Jeder römische Kaiser bemühte sich, die Macht und den Glanz Roms zu vermehren.

Auf dem Palatinus-Hügel ließen die Kaiser ihre Paläste bauen. Kostbar ausgeschmückte Tempel zur Anbetung der vielen verschiedenen Götter wurden errichtet. Es entstanden Markthallen und öffentliche Bibliotheken, Theater und Rennbahnen. Viele dieser Bauwerke stehen noch heute – nach 2.000 Jahren!

Zahlreiche Gebäude waren aus Marmor erbaut und mit Säulen und Kuppeln versehen. Damit die Kuppeln nicht einstürzten, hatten die römischen Bauleute ein Bindemittel erfunden, das wir heute noch verwenden: den Zement. Die Häuser der reichen Römer waren wie auch die öffentlichen Bäder an Wasserleitungen angeschlossen. Das Wasser kam über besondere Brücken (Aquädukte) aus den Bergen. Außerdem gab es in der Stadt 700 öffentliche Brunnen.

Mitten in Rom lag das Forum Romanum. Dieser riesige Platz war ursprünglich für Volksversammlungen angelegt worden.
Zur Kaiserzeit wurde das Forum zum prunkvollen Mittelpunkt der Stadt mit Rathaus, Rednertribüne und Tempeln.
Rings um das Forum Romanum befanden sich verschiedene Märkte zur Versorgung der Millionenstadt mit Lebensmitteln.

Das Leben in der Stadt

In der Stadt Rom gab es sehr unterschiedliche Wohnhäuser. Die ärmeren Bewohner lebten auf engstem Raum in mehrstöckigen Wohnblocks ohne Wasserleitung, ohne Heizung, ohne Toiletten.
Diese Häuser waren oft nachlässig gebaut, manchmal stürzten sie ein oder brannten ab.

Die reichen römischen Bürger wohnten in Stadtvillen, die nach außen schlicht wirkten, im Inneren aber luxuriös ausgestattet waren. Den Mittelpunkt einer solchen Villa bildete das Atrium – ein Innenhof mit einem Wasserbecken, um den die Wohnräume angeordnet waren. Fußbodenheizung und Wasserleitung machten das Wohnen angenehm.
Wandgemälde und kostbare Figuren schmückten die Räume.

Die Villen waren sparsam, aber edel möbliert.
Zum Schreiben gab es Tisch und Stuhl.
Gegessen wurde halb liegend auf Speisesofas.
Leintücher und Kissen bedeckten die Betten.

Das Leben auf dem Land

Die wohlhabenden Römer schätzten das Leben auf dem Land. Viele besaßen außer ihrer Stadtvilla noch ein Landgut (Latifundium). Unter der Leitung eines Verwalters ließen sie dort von ihren Sklaven die Felder bestellen und die Fischteiche bewirtschaften. Getreide und Gemüse wurden angebaut. Auch Weinberge und Haine mit Oliven- und Orangenbäumen gehörten zu einem Latifundium.

Die Landhäuser der Latifundien-Besitzer waren genauso bequem ausgestattet wie ihre Stadtvillen.
Zu den Gebäuden eines Gutes gehörten außerdem das Haus des Verwalters und die Hütten der Sklaven, Ställe für Rinder, Ziegen und Schafe, Pferde und Esel sowie eine Scheune, Weinkelter und Ölpresse.
Die Besitzer der Latifundien gingen gern auf die Jagd oder veranstalteten Feste in ihren Gärten.

Von den Latifundien wurden Obst und Gemüse, Getreide, Fleisch und Wein in die Stadt verkauft. Die Bauern, die nur kleine Höfe besaßen, hatten keine oder nur wenige Sklaven. Sie schufteten selbst auf den Feldern und fanden nur schwer Käufer für ihre Ernten. Oft wurden ihre Höfe von den reichen Grundbesitzern aufgekauft.
Die ruinierten Bauern suchten ihr Glück in der Stadt. Aber auf die meisten von ihnen wartete dort nur die Armut.

Familie und Schule

Für die Römer war das häusliche Leben sehr wichtig. Das älteste männliche Familienmitglied (der Pater familias) war das Familienoberhaupt. Ihm schuldeten alle Familienangehörigen Gehorsam – auch die Erwachsenen.
Zur „familia“ zählten nicht nur die leiblichen Verwandten, sondern alle im Haushalt lebenden Personen.

Kinderlosigkeit galt als Unglück. In armen Familien bedeuteten viele Kinder viele Arbeitskräfte. Vornehme Familien brauchten Kinder, um ihren Reichtum und ihren Namen vererben zu können und als Familie weiterzubestehen.

In der Stadt konnten viele Leute schreiben, lesen und rechnen. Wer vermögend genug war, um das Schulgeld zu bezahlen, schickte seine Kinder zur Schule.
Eine Schule bestand aus nur einer Klasse. Ein Lehrer unterrichtete alle Schüler gemeinsam. Jungen und Mädchen gingen bis zum zwölften Lebensjahr in die Schule.

Jungen aus reichen Familien wurden von Hauslehrern unterrichtet. Wer als vornehm gelten wollte, musste neben der lateinischen auch die griechische Sprache beherrschen. Deshalb war der Sprachunterricht besonders wichtig.
Ältere Jungen wurden in Redekunst und Rechtswissenschaft ausgebildet. Die Mädchen bereiteten sich ab ihrem zwölften Lebensjahr zu Hause auf ihre Pflichten als Ehefrau und Mutter vor.

Die Sklaven

Das Römische Reich verdankte seinen Wohlstand der Sklavenarbeit. Die Sklaven waren Eigentum ihrer Herren. Sie konnten nach der Laune ihres Besitzers belohnt oder bestraft, verkauft oder sogar getötet werden. Manchmal wurden aber auch Sklaven von ihren Herren freigelassen. Kinder von Sklaven gehörten von Geburt an dem Herrn ihrer Eltern.

Wenn die römische Armee im Krieg ein fremdes Volk besiegt hatte, wurden Männer, Frauen und Kinder gefangen genommen und als Sklaven verkauft.

Die Sklaven arbeiteten in den Werkstätten, auf den Feldern, auf Baustellen, in Bergwerken. Für ihre Leistungen erhielten sie keinen Lohn. Besonders hart erging es den Sklaven, die für die Gladiatorenkämpfe trainiert wurden. Sie mussten zur Belustigung der Zuschauer in der Arena gegeneinander oder gegen wilde Tiere kämpfen.

Freizeit und Mode

Gern stellten die reichen Römer ihren Wohlstand zur Schau. Vor ihren Gästen ließen sie Musikanten und Dichter auftreten. Ihre Häuser schmückten sie mit Gemälden und Figuren.

Auch öffentliche Einrichtungen wie Bibliotheken und Bäder waren prunkvoll ausgestattet.

Im Bad gab es Schwimmbecken, Saunen und Massageräume. Dort traf man sich mit Freunden, sprach über Geschäfte und tauschte den neuesten Klatsch aus.

Die Römer gingen gern ins Theater. Noch beliebter waren Wagenrennen. Die riesigen Rennbahnen boten mehreren Hunderttausend Personen Platz.

Wer genug Geld hatte, kleidete sich immer nach der neuesten Mode. Die wichtigsten Kleidungsstücke der Männer waren Tunika, Überwurf und Mantel. Bei offiziellen Gelegenheiten legte der römische Mann die Toga an – ein faltenreiches Gewand aus Wolle, dessen Ende über dem Arm gehalten wurde und eine steife Haltung erforderte. Frauen trugen über der Tunika eine Stola. Die Schuhe hatten meist Sandalenform. Es gab aber auch Nagelstiefel, vor allem in der Armee.

Die Armee

Ohne eine gut organisierte Armee hätte Rom ein so riesiges Gebiet nicht erobern und zusammenhalten können.
Die Armee bestand aus Berufssoldaten.
Sie umfasste 30 Legionen zu je 6.000 Mann.
Der Militärdienst dauerte 25 Jahre.
Bei seiner Entlassung bekam der Legionär ein Stück Land.
Viele Soldaten kamen allerdings bei den Kriegszügen ums Leben.

Der Legionär trug einen Metallpanzer und einen eisernen Helm. Seine wichtigsten Waffen waren Schwert und Dolch. Auch Schild und Wurfspeer gehörten zur Ausrüstung.
Wegen ihrer Disziplin, ihrer harten Ausbildung und ihrer ausgeklügelten Taktik galten die römischen Legionäre lange Zeit als unbesiegbar. Gefürchtet war die „Schildkröte“: 27 Legionäre marschierten Körper an Körper und hielten dabei die Schilde über ihre Köpfe und nach außen. So konnten sie angreifen, ohne verletzt zu werden.

Um feindliche Städte zu erobern, wurden bewegliche Türme, Wurfmaschinen und Rampen benutzt.
In Friedenszeiten schützten die Legionäre die Grenzen. Sie bauten befestigte Lager (Kastelle) und Grenzwälle (zum Beispiel den Limes an Rhein und Donau). Aus vielen Kastellen entwickelten sich später Städte wie Mainz, Köln und Regensburg.

Wissenschaft und Technik standen im Dienst der Armee. Viele Erfindungen entstanden nur deshalb, weil sie für Eroberungskriege gebraucht wurden, zum Beispiel Geräte zur Landvermessung und zum Straßenbau. Auch die Entwicklung der Medizin war eng an das Kriegswesen gebunden. Die ersten Krankenhäuser dienten der Pflege verwundeter Soldaten.

Weltherrschaft und Untergang

Um ein so gewaltiges Weltreich zu regieren, konnten sich die Kaiser nicht nur auf ihre Armee verlassen. Mit den eroberten Gebieten wurden Friedensverträge abgeschlossen, die auch den unterworfenen Völkern Vorteile brachten.

Das römische Recht löste die bis dahin übliche Willkür durch festgeschriebene Gesetze ab. Überall wurden Städte nach römischem Muster erbaut.

Die lateinische Sprache und römisches Geld verbanden die eroberten Provinzen untereinander, ebenso ein gut funktionierendes Netz von Straßen und Schiffslinien.
Die Bewohner der Provinzen konnten die römische Staatsbürgerschaft erwerben.
Rom zog großen Nutzen aus dem Handel mit den Provinzen. Silber und Gold, Hölzer und Gewürze, Stoffe und Pelze kamen nach Rom – und Sklaven, die oft besondere handwerkliche, künstlerische oder wissenschaftliche Fähigkeiten besaßen.

Doch immer wieder gab es Aufstände und Kriege mit Nachbarvölkern. Darunter litt die Wirtschaft, die Armut wuchs. Die Armeeführung mischte sich in die Politik ein. Das alles führte zur Schwächung und schließlich zum Untergang des Weltreiches.

Zunächst wurde im Jahr 395 nach Christus das Reich geteilt. Das Weströmische Reich mit der Hauptstadt Rom brach 476 unter dem Ansturm germanischer Stämme zusammen. Das Oströmische Reich um Konstantinopel blieb noch etwa 1.000 Jahre erhalten.

Spuren aus dem Römischen Reich

Wer sich in unserer heutigen Welt aufmerksam umsieht, entdeckt viele Spuren aus dem alten Rom. In Rom selbst stehen noch Gebäude aus dieser Zeit, zum Beispiel das Kolosseum.
Die bei einem Vulkanausbruch verschüttete Stadt Pompeji ist ausgegraben worden und zeigt ein anschauliches Bild vom Alltag in der römischen Kaiserzeit.

In verschiedenen Ländern Europas erinnern erhalten gebliebene Bauwerke an die Kunst der römischen Architekten – wie die Porta Nigra in Trier, das Thermalbad im englischen Bath oder Aquädukte und Arenen in Frankreich.

Latein ist bis in die Gegenwart die Sprache der Wissenschaft geblieben. Bestimmte Wörter unserer Alltagssprache kommen aus dem Lateinischen, z. B. Fenster, Tafel, Semmel. Auch die Monatsnamen haben einen lateinischen Ursprung. Die römischen Buchstaben gebrauchen wir heute noch. Und manche Dinge in unserem Alltag benutzen wir, ohne zu wissen, dass sie aus dem alten Rom stammen, wie Brautschleier und Ehering.

Zeitleiste

753 v. Chr.	Gründung Roms
ca. 260 v. Chr.	Rom beherrscht ganz Italien.
146 v. Chr.	Rom besiegt die Karthager und wird Weltmacht.
31 v. Chr.	Augustus wird erster römischer Kaiser.
117 n. Chr.	größte Ausdehnung des Römischen Reiches
ca. 200 n. Chr.	Wirtschaftlicher und politischer Niedergang beginnt.
395 n. Chr.	Teilung des Reiches
410 n. Chr.	Die Goten erobern Rom.
476 n. Chr.	Ende des Weströmischen Reiches

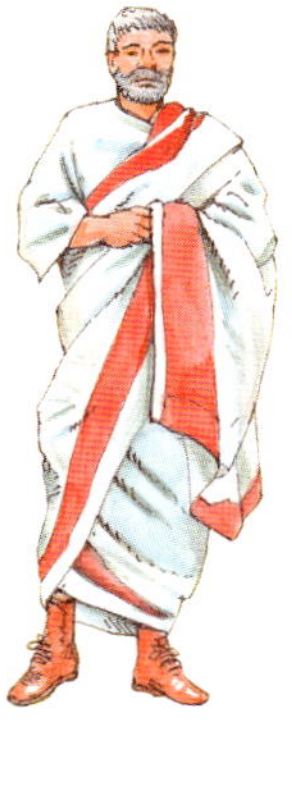

Maria Seidemann

Die Ritterburg

Mit farbigen Bildern
von Peter Klaucke

Gisela und der Knappe Georg

Heute ist Waschtag auf der Burg. Die Sonne scheint, aber ein eisiger Wind jagt die Wolken über den Märzhimmel. Die Mägde frieren und haben wunde Hände von dem kalten Flusswasser.
Gisela zieht ihren Pelzumhang fest um die Schultern. Sie beaufsichtigt die Mägde bei der Arbeit. Obwohl Gisela noch ein Kind ist, gehorchen ihr die erwachsenen Mägde. Denn Gisela ist die Tochter des Burgherrn Rolf.

Aus der Burg kommt Ritter Rolf mit seinen Leuten. Die Männer reiten zur Jagd in den Wald.

Gisela beneidet den Knappen Georg, der hinter ihrem Vater reitet und die Armbrust trägt. Sie und Georg sind zusammen erzogen worden. Georg kam als Page auf die Burg, als er sieben war.

Gisela und Georg spielten zusammen, durchstreiften die Ställe, die Küche, den Turm. Aber wenn Gisela sticken und nähen lernen musste, unternahm Georg seine ersten Reitversuche oder übte mit der Lanze an der Stechpuppe. Schon bald durfte er mit auf die Jagd gehen.

Jetzt spielt Georg nicht mehr mit Gisela.

Giselas Vater hat Georg zum Knappen erhoben. Auch Gisela hat längst keine Zeit mehr zum Spielen. Sie muss lernen, einen großen Haushalt zu führen.
Gisela näht auch an ihrer Brautausstattung. Wenn sie zwölf ist, wird der Vater sie zum Turnier an den Hof des Herzogs mitnehmen. Dann wird sie neben der Mutter auf der Tribüne sitzen und mit den anderen Edeldamen und ihren Töchtern den Rittern zusehen beim Waffenspiel. Die Mutter wird ihr sagen, welchem Ritter sie eine Schleife überreichen darf, damit er zu ihren Ehren kämpft.

Plötzlich sieht Gisela einen fremden Reiter kommen. Kurz darauf lässt die Mutter sie in die Burg holen.
Der Reiter war ein Bote des Herzogs.
Der Herzog ruft alle Ritter an seinen Hof, weil er einen Kriegszug plant.
Wenn ein Ritter mit seinem Gefolge zu einem Kriegszug aufbricht, muss vieles vorbereitet werden. Die Mutter braucht Giselas Hilfe.

Gisela hat Angst um ihren Vater. Nicht alle Ritter kehren von den Kriegszügen heim. Sie eilt mit der Mutter in den Burghof. Georg reitet neben ihrem Vater durch das Tor. Plötzlich begreift Gisela, dass auch Georg in den Krieg ziehen muss. Jetzt beneidet sie Georg nicht mehr.
Georg läuft zur Waffenkammer. Keinen Blick hat er übrig für Gisela. Er darf mit seinem Herrn in den Kampf ziehen!

Am nächsten Morgen verabschiedet sich Ritter Rolf von seiner Frau und Gisela. Dann reiten die Männer zum Tor hinaus.
Georg hat sich nicht von Gisela verabschiedet. Sie rennt die Turmtreppe hinauf und lehnt sich aus dem obersten Fenster.
Die Reiter überqueren den Fluss.
Am anderen Ufer wendet sich der kleinste Reiter zur Burg zurück und hebt den Arm zum Gruß. Da reißt Gisela ihr Tuch vom Hals und winkt damit.
Als die Reiter längst im Wald verschwunden sind, lässt Gisela noch immer das Tuch flattern.

Das Zeitalter der Ritter

Die Ritter lebten im Mittelalter. Damals wurde sehr oft Krieg geführt. Könige und Fürsten kämpften darum, möglichst viel Land zu besitzen. Wer die meisten Ländereien eroberte, hatte die größte Macht.
Die Ritter waren gepanzerte, bewaffnete Reiter, die einem König oder Fürsten als Krieger dienten. Vom 10. bis ins 15. Jahrhundert gab es überall in Europa Ritter, Ritterburgen und Ritterheere – von Spanien bis Russland und von Dänemark bis nach Italien.
Aber nicht jeder Mann durfte Ritter werden. Ein Ritter musste von vornehmer Herkunft sein und bestimmte Lebensregeln einhalten.

Die Ritterrüstung

Für seinen Dienst als Krieger brauchte der Ritter eine Kampfausrüstung. Dazu gehörte vor allem das Schwert. Ein Schwert am Gürtel zu tragen, war das Vorrecht des Ritterstandes. Mit langen Lanzen stießen die Ritter ihre Gegner im Kampf aus dem Sattel.
Außerdem besaß der Ritter einen Schild zur Abwehr der Schwerthiebe. Den Kopf schützte ein eiserner Helm mit Lederfutter.
Über sein wollenes Untergewand zog der Ritter ein Kettenhemd. Das bestand aus vielen eisernen Ringen und hieß deshalb auch Ringpanzer. Das Kettenhemd bedeckte den Körper von den Schultern bis zu den Knien.
Zur Ausrüstung gehörten auch feste Handschuhe, Stiefel mit Sporen und eiserne Beinschienen.

Ritter ca. 1320

Über dem Ringpanzer trug der Ritter einen Umhang. Damit man die Ritter unterscheiden konnte, waren Wappen auf Schild und Umhang gemalt. Die gesamte Ausrüstung war sehr schwer. Die Ritter mussten gesund und gut trainiert sein, um sich in der Rüstung bewegen zu können.

Wagen und Pferde

Unterwegs wurde der Ritter begleitet von seinen Knechten und Kriegsmannen. Die waren ebenfalls bewaffnet, zum Beispiel mit Keulen oder mit Pfeil und Bogen. Außerdem führte der Ritter einen Tross mit. Das war eine Anzahl von Pferdewagen, beladen mit Waffen und Sattelzeug, mit Zelten und Kleidung, Nahrung und Wein.

Besonders wichtig war für den Ritter sein Pferd.
Ein gutes Streitross war ausdauernd und stark.
Es hatte den Ritter samt seiner Rüstung auf
den tagelangen Ritten zu tragen.
Damit der Ritter sich im Krieg oder im Turnier
auf sein Pferd verlassen konnte, musste es
schnell, wendig und furchtlos sein.
Die Ausrüstung des Ritters, das Pferd und
der Unterhalt für seine Mannschaft waren sehr
kostspielig.

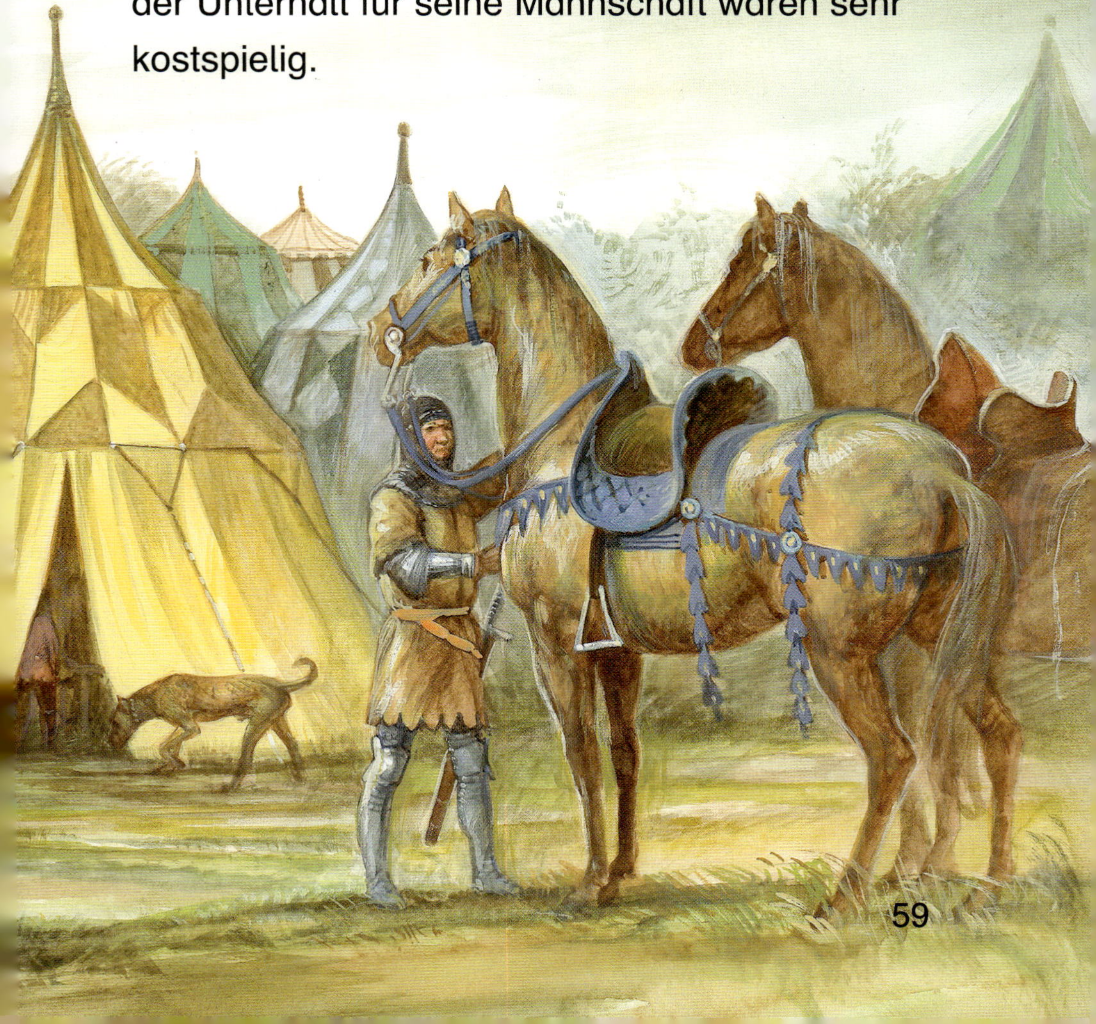

Die Ritterburg als Lehen

Die Ritter waren ihrem König oder Fürsten zu Gehorsam und Treue verpflichtet. Wenn der Dienstherr es verlangte, zogen sie für ihn in den Krieg. Dafür musste der Dienstherr für den Lebensunterhalt seiner Ritter sorgen.
Viele ledige Ritter lebten an den Höfen der Fürsten und Könige. Aber wenn ein Ritter heiraten wollte, brauchte er eine angemessene Versorgung für seine Familie.

Darum bekam der Ritter als Lohn für seine Dienste ein Stück des eroberten Lands verliehen. Diesen Besitz nannte man ein Lehen. Meistens gehörte zu dem Lehen eine Burg.

Die Leibeigenen

Das Land des Ritters wurde von Bauern bewirtschaftet. Diese Bauern waren keine freien Menschen, sondern Leibeigene. Das heißt: Sie waren Eigentum des Ritters. Ohne seine Erlaubnis durften sie weder heiraten noch ihr Dorf verlassen.

Sie mussten für ihn auf den Feldern, in den Ställen und auf der Burg arbeiten. Diese Arbeiten hießen Frondienste. Außerdem mussten sie ihrem Herrn einen großen Teil der Ernte abliefern, dazu Fleisch und Eier, Wolle und Leinen. Diese Abgaben nannte man Zins.

Das Leben auf der Burg

Die Burg war der Wohnsitz des Ritters.
Dort lebten die Mitglieder seiner Familie und seine Bediensteten.
Wenn ein feindliches Heer heranrückte, flüchteten sich auch die Bauern in die Burg.
Denn die Burg war nicht nur ein Zeichen für den Wohlstand des Ritters, sondern vor allem eine Anlage zur Verteidigung.
Deshalb wurde die Burg auf einem Berg oder auf einer Insel im Fluss errichtet. Ihr Kernstück war ein steinerner Turm, der Bergfried.
Die Burg war von Mauern und Gräben umgeben und außerdem durch Tore, Zugbrücken und ein System von Gängen und Höfen gesichert.
Besonders wichtig während einer Belagerung war ein Brunnen oder eine Zisterne, in der Regenwasser gesammelt wurde. Ohne genug Trinkwasser konnte sich keine Burg lange gegen ihre Feinde behaupten.

Außer dem Wohngebäude der Ritterfamilie gab es auf dem Burggelände Speicher und Ställe, eine Schmiede, eine Burgkapelle, Waffenarsenale und Unterkünfte für das Gesinde.
Wenn der Ritter wohlhabend war, war seine Burg weiträumig und bequem eingerichtet. Bei ärmeren Rittern lebten die Burgbewohner nicht viel besser als die Bauernfamilien.

Die Frau des Ritters war zuständig für die Hauswirtschaft, die Vorräte und das Gesinde. Sie erzog die Söhne bis zum siebenten Lebensjahr und die Töchter, bis sie verheiratet wurden. Viele Ritterfrauen konnten lesen und schreiben – im Gegensatz zu ihren Ehemännern.

Ritterliche Erziehung

Rittersöhne wurden mit sieben Jahren an den Hof eines anderen Ritters gebracht. Dort wurden sie auf das Ritterleben vorbereitet. Zuerst mussten sie einige Jahre als Pagen dienen. Sie trainierten den Umgang mit Pferd und Waffen, sie lernten, einem Herrn treu und gehorsam zu sein, sie übten die Regeln und Ideale des Ritterlebens.
Ein Ritter sollte die christlichen Gebote einhalten, Nächstenliebe und Selbstdisziplin üben und die Frauen achten. Als wichtigste ritterliche Tugenden wurden Tapferkeit und Treue angesehen.

Im Alter zwischen zwölf und vierzehn Jahren wurde der Page zum Knappen erhoben.
Der Knappe musste die Waffen, die Rüstung und das Pferd seines Herrn pflegen. Er ritt mit seinem Herrn in die Schlacht. Dabei lernte er das Verhalten im Kampf. Er besaß schon ein eigenes Schwert, das er aber noch nicht am Gürtel tragen durfte.

Mit 21 Jahren erhielt der Knappe
die Ritterweihe. Dabei bekam er von einem
älteren Ritter den Ritterschlag mit dem Schwert
auf die Schulter. Er leistete einen Treueschwur
und war damit in die Ritterschaft aufgenommen.
Nun durfte er sein Schwert am Gürtel tragen.
Oft erhielt der junge Ritter bei seiner Weihe
eine Rüstung, ein Pferd und Waffen geschenkt.

Turnier und Ritterfest

Ihr Geschick zu Pferde und mit dem Schwert übten die Ritter mit ihren Kriegsmannen im Burghof. Außerdem ritten sie regelmäßig auf die Jagd.
Oft lud der Kaiser, der König oder ein Fürst viele Ritter an seinen Hof ein und veranstaltete einen bewaffneten Wettkampf. Für jeden Ritter war es wichtig, bei solchen Wettkämpfen ehrenvoll zu bestehen. Die Sieger wurden mit kostbaren Preisen belohnt.

Es gab verschiedene Arten von Wettkämpfen. Einen Zweikampf zu Pferde nannte man Tjost. Beim Buhurt tummelte sich eine Gruppe von Rittern mit Lanzen auf dem Kampfplatz. Hier war besonderes Geschick beim Reiten gefragt. Der aufwendigste Wettkampf war das Turnier: Zwei Ritterheere traten gegeneinander an.

Vor dem Wettkampf überreichten die Edeldamen ihren Lieblingsrittern Schleifen oder Haarlocken. Die Damen sahen dann von einer Tribüne aus zu und hofften, dass ihr Ritter siegte.
Manche Turniere arteten in ernsthafte Kämpfe aus. Verfeindete Ritter schlugen aufeinander ein. Verletzte und Tote blieben auf dem Platz liegen. Der König bestrafte ehrlose Ritter und schloss sie von künftigen Turnieren aus.

Nach dem Wettkampf wurde ein Fest gefeiert, das oft mehrere Tage dauerte. Zu den Festen kamen fahrende Sänger. Ihre Lieder handelten von der Liebe eines Ritters zu einer Edeldame. Diese Lieder nannte man Minnesang.
Da die Sänger viel herumgekommen waren, verbreiteten sie viele Neuigkeiten im Land und erzählten von den Schlachten der Ritter.

Kriegszeiten

Manchmal waren die Ritter monatelang von ihrer Burg und ihrer Familie getrennt. Denn wenn der Fürst rief, mussten sie für ihn in den Krieg ziehen.
Eine Ritterschlacht dauerte mehrere Tage. Stürzte der Ritter vom Pferd, war er verloren, wenn ihn nicht seine Gefolgsleute aus dem Getümmel schleppten. Mit der Rüstung konnte er nicht ohne Hilfe aufstehen und wurde von den feindlichen Rittern getötet.

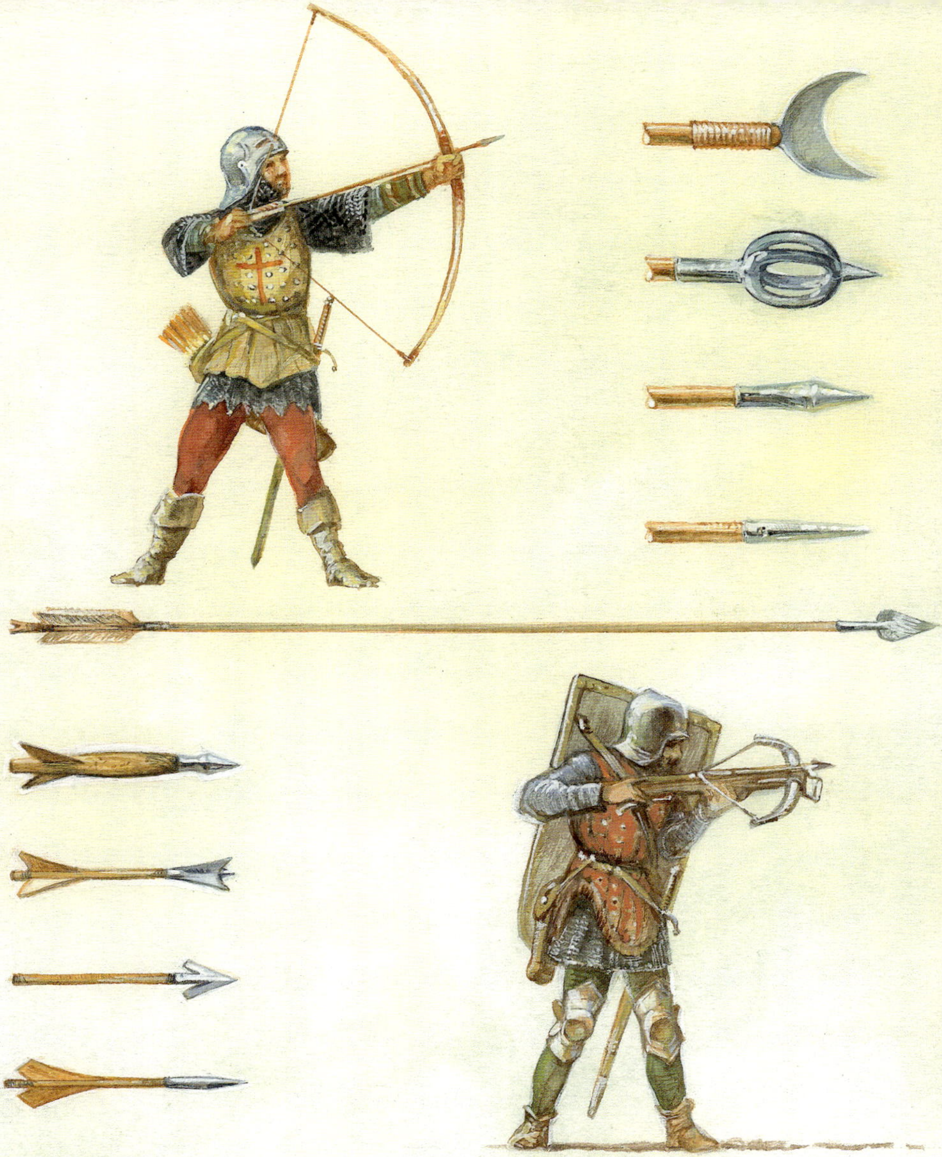

Auch die Bogenschützen waren gefürchtete Gegner. Die stählernen Bolzen der Armbrust oder die Pfeile des Langbogens konnten bis zu 250 Meter weit fliegen und ein Kettenhemd leicht durchschlagen.

Nach dem Sieg

Im Krieg vergaßen die Ritter meistens ihre Regeln vom Maßhalten und vom Mitleid mit Schwächeren. Es kam nur darauf an, die Schlacht zu überleben und möglichst viel Beute nach Hause zu bringen.
Wenn die Ritter eine fremde Burg oder eine Stadt eroberten, zeigten sie oft kein Erbarmen. Sie töteten die Bewohner oder verschleppten sie in die Knechtschaft. Die Gebäude wurden ausgeraubt und angezündet.

Die Sieger wurden von ihrem Herrn belohnt.
Eine kurze Zeit lang herrschte auf der Burg des heimgekehrten Ritters Freude und Überfluss.
Im nächsten Krieg konnte das Glück sich wenden.
Dann ging vielleicht die eigene Burg in Flammen auf oder das eigene Leben endete auf dem Schlachtfeld.

Deshalb eilte der Ritter nach der Rückkehr gleich in die Burgkapelle und betete um Vergebung für seine bösen Taten, damit er nach seinem Tod nicht mit Höllenqualen bestraft würde.

Fehden, Überfälle, Raubritter

Die meisten Ritter beuteten ihre Leibeigenen erbarmungslos aus. Trotzdem reichte der Ertrag der Felder oft nicht aus für ein standesgemäßes Leben auf der Burg. Die vielen Kriegszüge führten zur Verarmung. Dörfer wurden zerstört, Bauern vertrieben und getötet.

Auch wenn ein Ritter zu den Siegern gehörte, konnte er als Verlierer heimkehren. Manchmal verlor er sein teures Streitross und seine Kriegsmannen in der Schlacht. Zahlreiche Ritter kehrten verwundet zurück. Oft war auch die Beute nicht so groß wie erhofft.

Deshalb warteten viele Ritter nicht, bis ihr Herr sie zum Kriegsdienst rief, sondern gingen eigenmächtig auf Beutezug. Sie trugen ihre privaten Fehden mit benachbarten Rittern aus, belagerten Städte und hungerten sie aus.

Wenn Seuchen wie Pest und Cholera wüteten oder Missernten zu Hungersnöten führten, gerieten die Ritterideale völlig in Vergessenheit. Dann überfielen die Ritter reisende Kaufleute und raubten Bauernhöfe aus. Die Burgherren wurden zu Raubrittern.

Das Verschwinden der Ritter

Die Ritter trugen durch ihr zügelloses Verhalten
selbst zur Zerstörung des Rittertums bei.
Aber auch aus anderen Gründen verlor
der Ritterstand allmählich an Bedeutung.
Im Verlauf des Mittelalters kamen die Kaufleute
immer mehr zu Ansehen und Reichtum.
Der Tauschhandel wurde durch
den Geldhandel abgelöst.
Für Gold und Silber konnte
man alles kaufen, auch Waffen
und Soldaten. Viele Fürsten
verließen sich nicht mehr darauf,
dass ihre Ritter treu waren.
Sie mieteten Söldner,
die für jeden kämpften,
der sie bezahlte.

Außerdem waren inzwischen das Schießpulver und die ersten Feuerwaffen erfunden worden. Gegen Kanonen hatte ein Ritterheer keine Chance. Viele Ritter verdingten sich als Söldner und dienten wechselnden Herren. Der berittene Krieger, dessen Treue mit einem Lehen belohnt wurde, verschwand. Eine neue Gesellschaftsform entstand.

Erinnerung an die Ritterzeit

Trotzdem gerieten die Ritter nicht in Vergessenheit. An den Königshöfen wurden noch lange Turniere als Schaukämpfe veranstaltet. Dafür wurden besondere Prunkharnische hergestellt.
Später verherrlichten romantische Bücher und Lieder das Ritterleben. Die grausamen Kriege, die Fehden, das harte Leben und die Kälte auf den Burgen im Winter wurden darin absichtlich vergessen.

Glossar

Bergfried: Steinerner Wehrturm in der Mitte der Burganlage. Die letzte Zuflucht bei einer Belagerung

Buhurt: Kleineres Turnier. Zwei Gruppen von Rittern üben sich im Wettkampf mit der Lanze.

Frondienst: Die Arbeit, die ein Bauer für den Ritter, der ihn auf seinem Land leben lässt, verrichten muss

Knappe: Junge, ab ungefähr zwölf bis vierzehn Jahren, der zum Ritter ausgebildet wird. Er reitet schon mit in den Kampf.

Lehen: Ein Stück Land, das ein König oder Fürst einem Ritter für sein Dienste verleiht

Leibeigene: Unfreie Untergebene des Ritters. Sie müssen für ihn arbeiten und dafür muss er sie beschützen.

Minnegesang: Die Liebeslieder im Mittelalter

Page: Junge, zwischen sieben und vierzehn Jahren, der zum Ritter erzogen wird

Söldner: Ein Soldat, der gegen Bezahlung kämpft

Tauschhandel: Hier werden Waren nicht mit Geld bezahlt, sondern gegen andere Waren eingetauscht.

Tjost: Sportlicher Wettkampf zwischen zwei Rittern

Zisterne: Ein Schacht, in dem Regen gesammelt wird, um die Burgbewohner mit Trinkwasser zu versorgen

Zins: Der Teil der Ernte, den die Leibeigenen auf der Burg abliefern müssen

Bernhard Lassahn

Piraten

Mit farbigen Bildern
von Peter Klaucke

Pedros erste Seereise

Pedro ist furchtbar aufgeregt. Zum ersten Mal darf er mit seinem Vater auf dem großen Schiff mitfahren. Sein Vater ist Kaufmann.
„Kleine Kinder haben auf Schiffen nichts zu suchen. Das ist viel zu gefährlich!“, hat der Kapitän zuerst gesagt.
Aber Pedros Vater hat ihn überzeugt.
Denn Pedro ist schon acht Jahre alt.

Wenn nur die Piraten nicht wären!
Sie sollen grausam sein und jeden sofort töten.
Das erzählt man sich jedenfalls.
Pedro geht mit seinen Eltern noch mal in die Kirche und betet, dass die Reise glücklich verläuft.
Natürlich nehmen sie Wachen mit. Und sie reisen nicht alleine.
Sechs Handelsschiffe, von denen eins sogar Kanonen an Bord hat, laufen aus dem Hafen von Barcelona aus.
Es ist noch gar nichts passiert. Pedro ist nicht mal schlecht geworden.

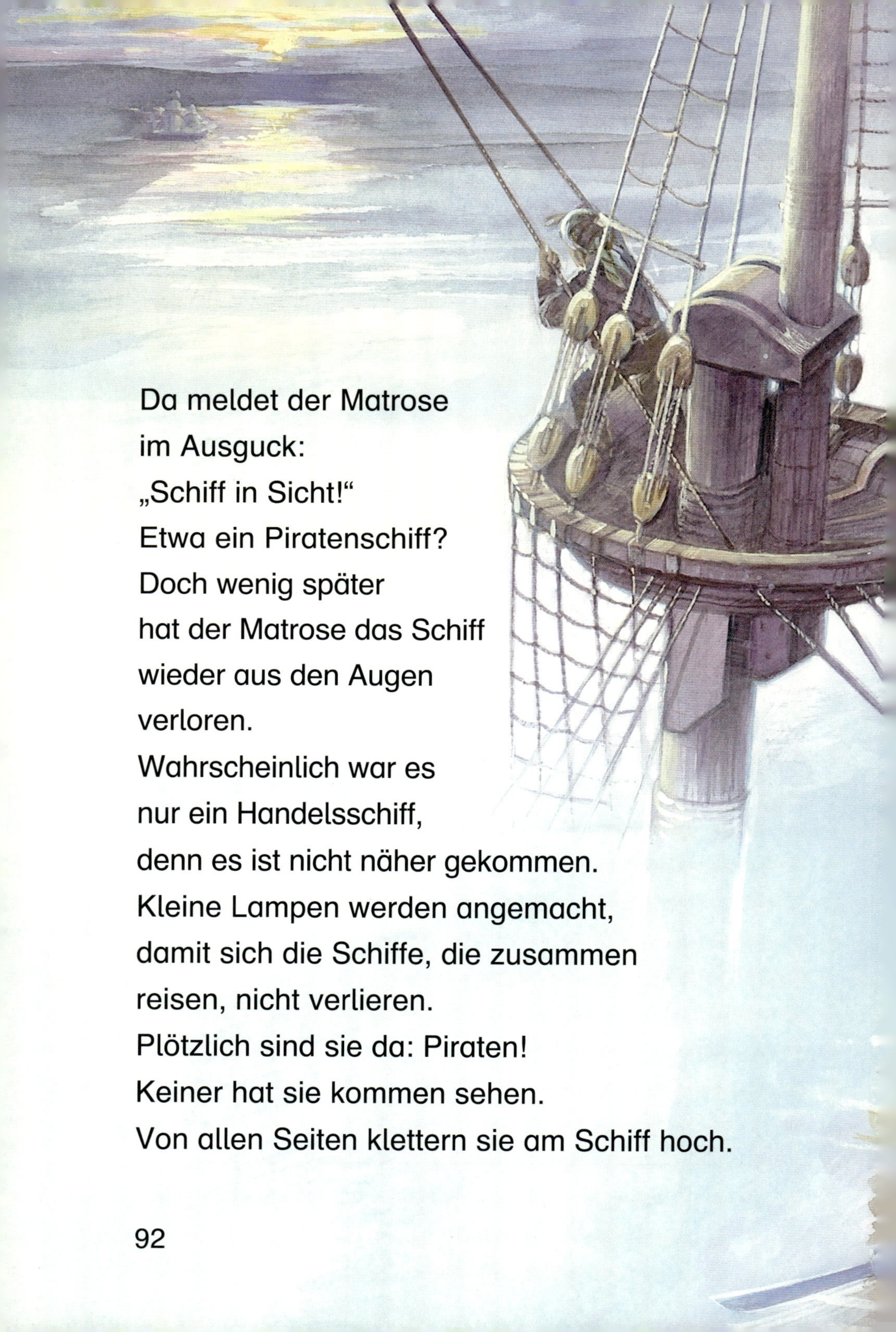

Da meldet der Matrose
im Ausguck:
„Schiff in Sicht!“
Etwa ein Piratenschiff?
Doch wenig später
hat der Matrose das Schiff
wieder aus den Augen
verloren.
Wahrscheinlich war es
nur ein Handelsschiff,
denn es ist nicht näher gekommen.
Kleine Lampen werden angemacht,
damit sich die Schiffe, die zusammen
reisen, nicht verlieren.
Plötzlich sind sie da: Piraten!
Keiner hat sie kommen sehen.
Von allen Seiten klettern sie am Schiff hoch.

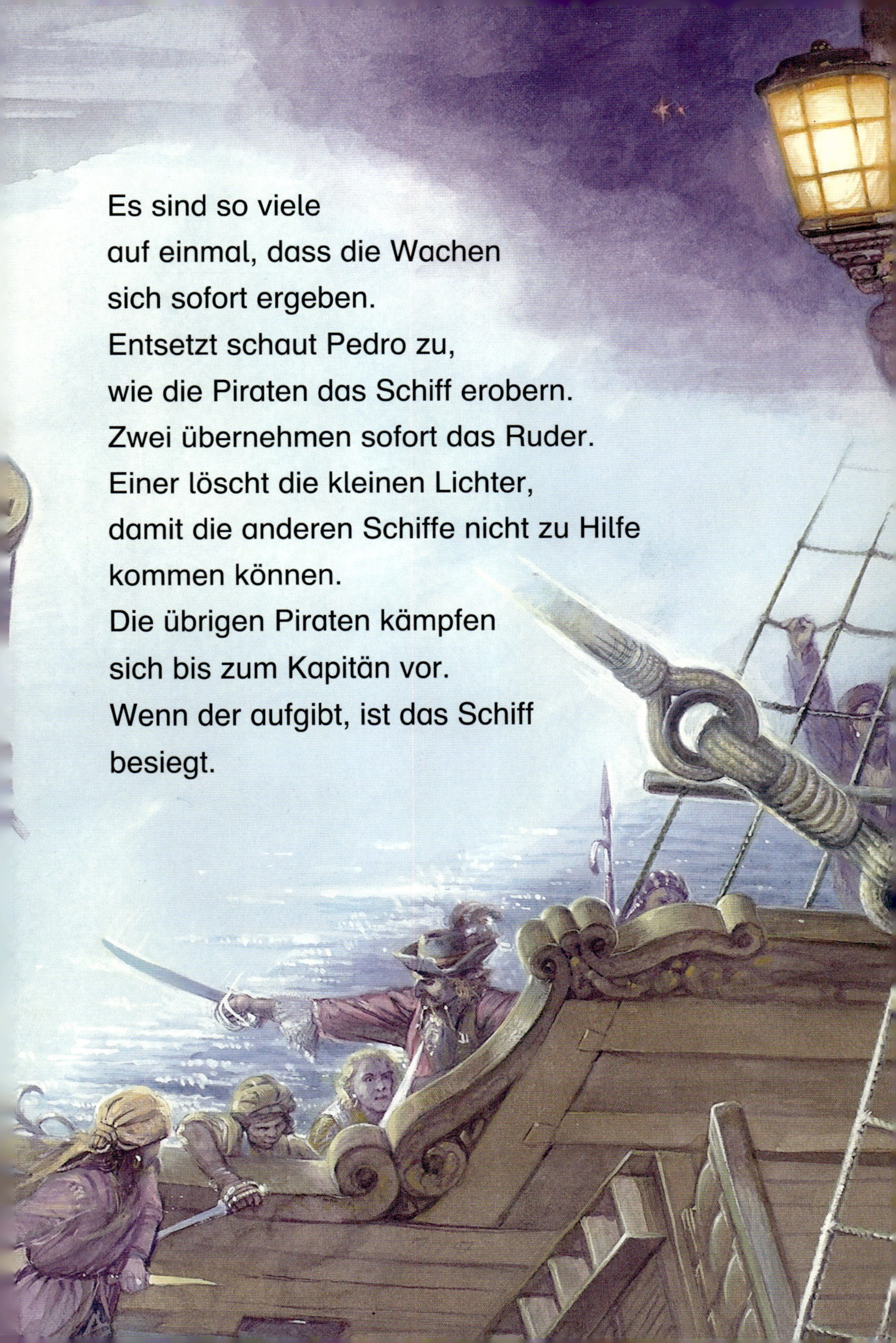

Es sind so viele
auf einmal, dass die Wachen
sich sofort ergeben.
Entsetzt schaut Pedro zu,
wie die Piraten das Schiff erobern.
Zwei übernehmen sofort das Ruder.
Einer löscht die kleinen Lichter,
damit die anderen Schiffe nicht zu Hilfe
kommen können.
Die übrigen Piraten kämpfen
sich bis zum Kapitän vor.
Wenn der aufgibt, ist das Schiff
besiegt.

Pedro und sein Vater werden gefesselt. „Hab keine Angst“, flüstert der Vater Pedro zu, „die sehen zwar gefährlich aus, aber sie werden uns nichts tun. Die wollen nur Lösegeld. Ich habe zu Hause schon etwas beiseitegelegt.“

Trotzdem. Pedro hat Angst. Auch wenn ihm sein Vater erklärt, dass alle Kaufleute für so einen Fall Geld zurücklegen.
Aber Pedro ist auch sehr neugierig.
Als Gefangener wird er das Leben der Piraten ganz aus der Nähe kennenlernen.
Wenn er wieder zurückkommt, gibt es bestimmt viel zu erzählen.

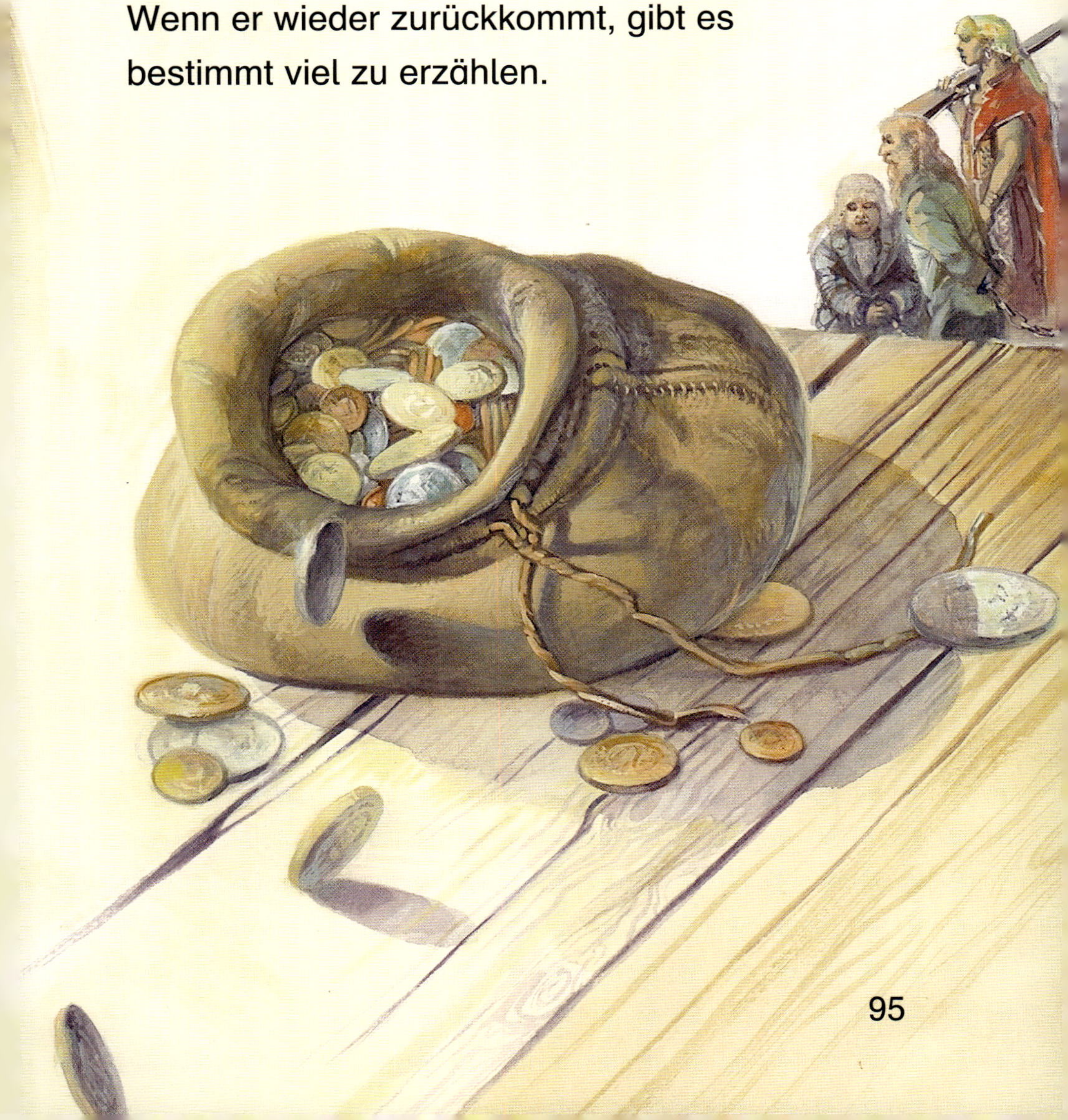

Was sind Piraten?

Piraten gab es zu allen Zeiten und auf allen Meeren. Sie leben davon, friedliche Schiffe auszurauben.
In der Karibik begann die große Zeit der Piraten, als die Spanier nach der Entdeckung Amerikas das Gold der Inkas raubten.
Sie luden ihre Beute auf Schiffe, um sie nach Spanien zu bringen. Die Piraten versuchten, auf See das Gold gleich wieder zu stehlen.
Noch heute liegen viele dieser Schiffe auf dem Meeresboden.
Piraten waren tüchtige Seefahrer.
Und sie mussten zusammenhalten.
Alleine konnte ein Pirat nichts ausrichten.
Deshalb haben sie Banden gebildet.

Piraten und Freibeuter

Piraten waren wilde Kerle. Oft waren es freche Matrosen, die ihrem Kapitän nicht mehr gehorchen wollten und gemeutert hatten. Oder es waren entflohene Sklaven. Manchmal passierte es aber auch, dass arme Seeleute gezwungen wurden bei den Piraten mitzumachen. Man konnte nicht viel gegen die Piraten machen.

Einige wurden von einem mächtigen König
oder einer Königin beschützt.
Die konnten sich überall im Land verstecken
und durften ihre Beute auf den Märkten
frei verkaufen.

Solche Piraten nennt man Freibeuter.
Sie bekamen von ihrem König sogar einen Kaperbrief. Darin stand, welche Schiffe sie ausrauben durften.
Manche dieser Freibeuter lebten selber wie kleine Könige.

Die echten Piraten
dagegen galten
als Räuber
und wurden
von allen gejagt.

Fertig zum Entern!

„Alles fertig zum Entern!“

Die Piraten trinken noch einen kräftigen Schluck Rum.

Dann spritzen sie die Segel nass, damit ihr Schiff nicht in Brand gerät.

Der Pirat im Ausguck hat ein schwer beladenes holländisches Handelsschiff gesichtet.

Das wollen sie erbeuten.

Damit die Holländer keinen Verdacht schöpfen, haben die Piraten den Namen ihres Schiffes getarnt und eine holländische Flagge gehisst.

Sie haben immer verschiedene Flaggen dabei.

Die Piraten winken freundlich.

Manche haben sich sogar als Frauen verkleidet.

Die holländischen Matrosen sollen denken: Ach, Frauen, die sind bestimmt harmlos.

MARIA

Die Piraten kommen immer näher
an das Handelsschiff heran.
Erst im letzten Moment wird die Piratenflagge
hochgezogen.
Ehe die Holländer begriffen haben, was los ist,
haben die Piraten schon ihre Enterhaken
festgemacht und klettern schnell
am Schiff hoch.

Es entbrennt ein heftiger Kampf
Mann gegen Mann.
Die Holländer müssen sich bald ergeben
und bitten um Gnade.

Die Piraten kämpften vor allem
mit Krummsäbeln und mit langen Messern.
Nur wenige hatten Pistolen. Damit konnte man
nicht gut zielen und immer nur einen Schuss
abgeben. Dann brauchte man ziemlich lange,
um den zweiten Schuss vorzubereiten.

Der Pirat Schwarzbart hatte deshalb immer gleich fünf Pistolen griffbereit in seinem Gürtel. Kanonen haben die Piraten nicht gerne benutzt. Kanonen sind sehr schwer und haben ein Schiff langsam gemacht.
Wenn die Piraten doch mal eine Kanone hatten, haben sie damit meist nur rumgeballert, um ihren Gegnern Angst zu machen.
Die Piraten wollten andere Schiffe ja nicht kaputt schießen. Sie wollten sie erbeuten.

Fette Beute

Am liebsten wollten die Piraten Gold, Silber, Edelsteine und Münzen rauben.
Auch kostbare Stoffe, Gewürze, Schießpulver, Kakao und Rum waren sehr begehrt.
Die Schätze wurden auf einer Insel versteckt.
Alles, was die Piraten nicht brauchten, wurde gleich wieder verkauft.
Auch die Menschen, die ihnen in die Hände gefallen waren. Sie brachten auf dem Sklavenmarkt viel Geld ein.

Nur reiche Leute wurden verschont,
denn für sie konnte man hohe Lösegelder
bekommen.
Es gab auch Schiffe,
die extra losfuhren,
um Menschen zu fangen.
Aus Afrika wurden
Tausende verschleppt
und in Amerika
als Sklaven verkauft.

Ein paar Tricks

Piraten haben immer versucht, ihre Opfer zu überraschen.
Erst sind sie den ganzen Tag extra langsam hinter einem Schiff hergefahren.
Die Matrosen mussten glauben, ein schwer beladenes Handelsschiff fährt hinter ihnen her.
Im Dunkeln haben die Piraten dann schnell aufgeholt.

Oder sie sind gekommen, wenn ein Schiff
schon im Hafen lag und sich alle sicher fühlten.
Dann sind die Piraten einfach an der Ankerkette
hochgeklettert.
Sie haben auch oft versucht, ihre Opfer
so einzuschüchtern, dass sie gleich freiwillig
aufgaben.
Dann musste nicht gekämpft werden.

Also haben die Piraten alles getan,
um den Matrosen gehörig Angst einzujagen.
Man nennt das „Wind machen“. Sie haben laut
herumgegrölt, wild mit ihren Säbeln gefuchtelt
und mit Stinkbomben und Feuertöpfen geworfen.

Auch die Piratenflagge sollte friedlichen Seeleuten Furcht einjagen.
Deswegen waren möglichst schreckliche Sachen darauf abgebildet.
Zum Windmachen gehörte auch, dass die Piraten Schauergeschichten über sich verbreiteten.
Alle Seeleute sollten sich erzählen, wie blutrünstig die Piraten sind.

Berühmte Freibeuter und Piraten

Einer der reichsten Freibeuter war der
Engländer Sir Francis Drake.
Er besaß so viel Gold und Edelsteine,
dass er kein Silber mehr raubte.
Dafür war einfach kein Platz mehr.
Einmal hat ihn die Königin von England
auf seinem Schiff besucht und gestaunt:
Die Segel waren aus kostbaren Stoffen,
und jeder Matrose trug glänzende Goldketten
um den Hals.

Der Pirat Schwarzbart war vermutlich
der wildeste Seeräuber, der je gelebt hat.
Er hat sich brennende Lunten auf seinen Hut gelegt,
damit er stets von einer Rauchwolke umgeben war.
Gewaschen hat er sich nie.
Er hat furchterregend ausgesehen und schrecklich
gestunken, und er war auch noch stolz darauf.
Man erzählte sich sogar, dass er mit fünf Kugeln
im Leib trotzdem weiterlebte.

In der Nordsee raubte
Klaus Störtebeker die Schiffe aus.
Er hatte viele Freunde an Land, weil er den armen Leuten immer etwas von seinen Schätzen abgab.
Piraten, die ihre Beute an die Armen verteilten und ihre Opfer verschonten, nennt man edle Piraten.
Die Piraten wollten keine Frauen auf ihren Schiffen haben.

Anne Bonny aber wollte gerne Seeräuberin werden und schaffte es auch.
Sie hat sich einfach immer als Mann verkleidet.
Einmal traf sie einen besonders hübschen Matrosen und verliebte sich in ihn.
Ihm verriet Anne Bonny, dass sie in Wahrheit eine Frau war.
Da hat sie erfahren, dass der hübsche Matrose auch eine Frau in Männerkleidern war.
Die beiden wurden dicke Freundinnen und galten als die kühnsten Seeräuber des Karibischen Meeres.

Alles nur Seemannsgarn?

Vieles, was wir über Piraten hören, stimmt gar nicht. Die Piraten haben ja selber dafür gesorgt, dass viele Gruselgeschichten verbreitet wurden. Aber vieles weiß man doch.

Der Schriftsteller Daniel Defoe, der „Robinson Crusoe“ geschrieben hat, ist selbst einmal von Piraten überfallen worden und hat als Gefangener bei ihnen gelebt. Von ihm wissen wir, wie es wirklich zuging.

Piraten haben ihren Kapitän selber gewählt.
Sie haben alles gerecht geteilt.
Wer seine Kameraden betrog, wurde zur Strafe
auf einer einsamen Insel ausgesetzt.

Es gab strenge Regeln, an die sich alle halten mussten. An Bord durften sich die Piraten nicht mal zanken.
Wenn sie unbedingt streiten wollten, mussten sie solange an Land gehen.
Piraten haben sich oft gelangweilt.
Sie haben gewürfelt oder Karten gespielt.

Sie haben ihre Waffen geputzt und ein bisschen mit ihren Pistolen rumgeballert.
Manchmal lebten 250 Piraten auf einem kleinen Schiff.
Alle schliefen in Hängematten.
Gemütlich war das nicht.
Das Essen war sehr schlecht.
Meist gab es nur trockenen Zwieback, gekochte Schlangen oder Schildkröten.

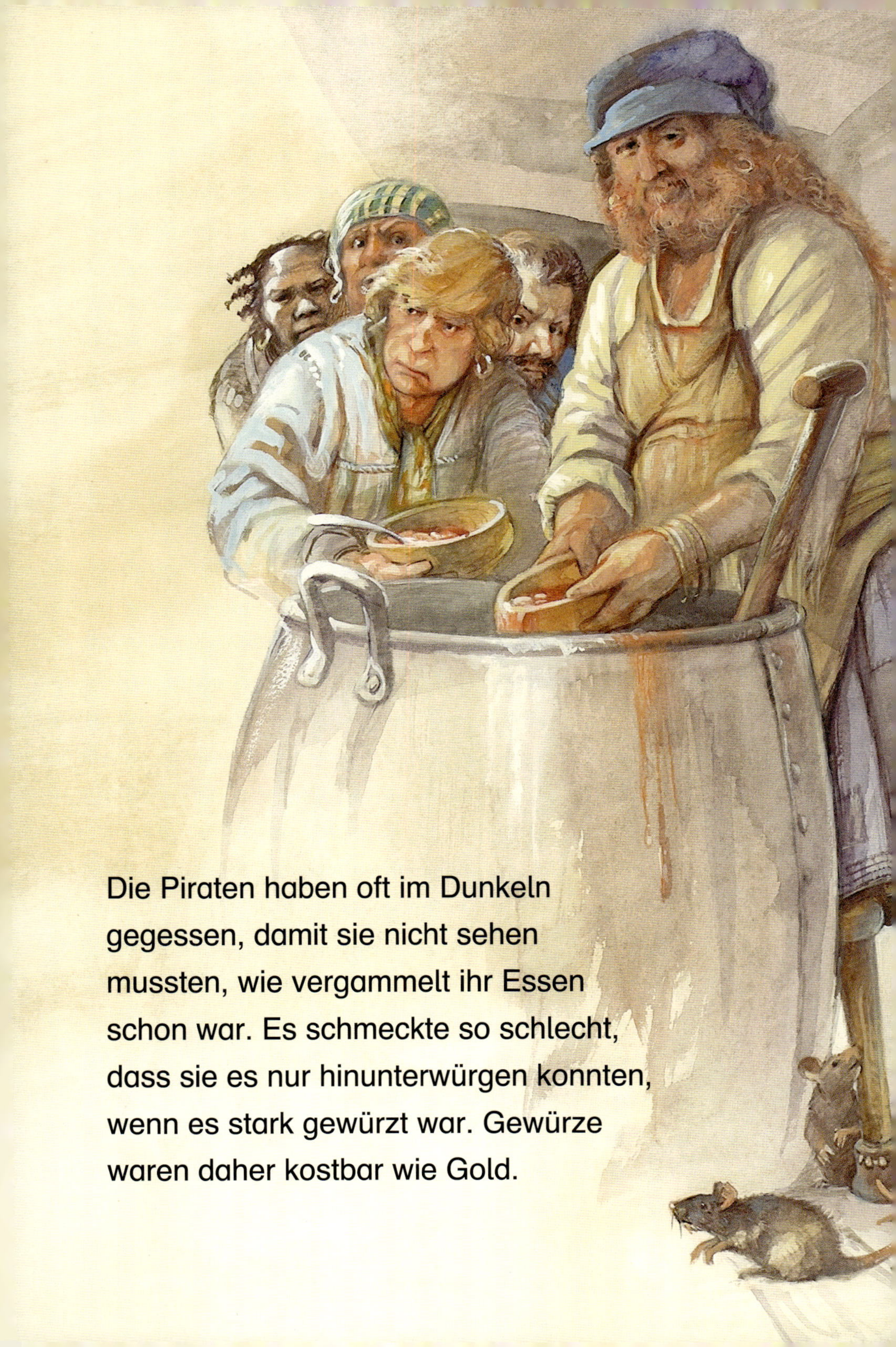

Die Piraten haben oft im Dunkeln gegessen, damit sie nicht sehen mussten, wie vergammelt ihr Essen schon war. Es schmeckte so schlecht, dass sie es nur hinunterwürgen konnten, wenn es stark gewürzt war. Gewürze waren daher kostbar wie Gold.

Die echten Piraten hatten kein Zuhause und meist auch keine Familie. Sie fühlten sich nirgendwo sicher. Sie hatten ständig Angst, dass sie eines Tages geschnappt wurden und an den Galgen mussten.

Einmal haben die Piraten ein eigenes Land gegründet. Es hieß „Liberta“ und lag auf der Insel Madagaskar. Es durfte dort nicht mal Zäune geben, weil alles allen gehören sollte.
Doch die Einwohner von Madagaskar haben die Piraten wieder vertrieben.

Den Piraten auf der Spur

Nach vielen Schätzen der Piraten wird immer noch gesucht.
Manche forschen in den Klippen von Helgoland nach Spuren von Störtebeker.

Die größten Schätze werden auf der Kokosinsel vermutet.
Da soll die Beute eines Piraten vergraben sein, der sich „Benito Bonito mit dem blutigen Schwert“ nannte.
Ein deutscher Kapitän hat 30 Jahre lang nach den Schätzen gesucht, aber nichts gefunden.

Wo ist der Piratenschatz versteckt?

Zufällig bist du in den Besitz einer Karte und eines geheimen Plans geraten.
Hier ist die Karte:

Hier ist der geheime Plan.
Wie findest du den Piratenschatz?
Nimm die Karte und Bleistift und Lineal zu Hilfe.

Lösung: Wenn du die Punkte verbindest, ergibt sich ein Pfeil: Der Schatz ist auf der Papageieninsel vergraben.

Franz S. Sklenitzka · Mira Lobe · KNISTER

978-3-401-50061-4

Mein Freund Pepe Wasserschwein

Olafs Freund heißt Pepe und ist ein Rasenmäher. Pepe kann schwimmen und tauchen und quieken und piepen … Natürlich ist er kein normaler Rasenmäher, sondern ein Wasserschwein. Das Beste an Pepe ist, dass Olaf und er miteinander sprechen können.

978-3-401-50062-1

Das Schlossgespenst

Ein kleines Schlossgespenst hat genug vom Alleinsein und schreibt ein Plakat: „Schlossbewohner dringend gesucht!“ Der Maler Balduin, seine Prinzessin und Wuff ziehen ein. Bevor die vier aber Freunde werden, gibt es noch viele Überraschungen.

978-3-401-50060-7

Die Sockensuchmaschine

Jonas ist gespannt: Der Erfinder Professor Turbozahn probiert zusammen mit ihm die neue Sockensuch-Anzieh-maschine aus. Da kann Jonas was erleben! Und auch die anderen Erfindungen des verrückten Professors haben es in sich …

Arena

Jeder Band:
Kartoniert
www.arena-verlag.de

Irmela Wendt · Achim Bröger · Dagmar Chidolue

978-3-401-50065-2

Wo kleine Igel sind

Anja und Till finden kleine Igel in ihrem Garten. Doch warum schlafen sie den ganzen Tag und mit was darf man sie füttern? Diese kleine Igelgeschichte liefert auf unterhaltsame Weise Antworten auf Tierfragen, die Kinder wirklich interessieren.

978-3-401-50066-9

Vier Fälle für die Power-Maus

Paulina und ihr Bruder Paul machen gern Hausaufgaben – aber noch viel lieber sind sie am Nachmittag als Detektive unterwegs! Dabei haben sie zwei unersetzliche Assistenten: Kater Colt und die Power-Maus. Vor diesen beiden nimmt jeder Bösewicht sofort Reißaus! Wenn bloß Nachbar Schörlock und sein Lehrling, genannt 001, nicht ständig dazwischenfunken würden!

978-3-401-50064-5

Alle lieben Pippa

Pippa bekommt Besuch von ihrer Stöckeltante. Sie riecht so toll nach Sommerblumen. Doch seitdem benehmen sich alle ganz komisch. Vor allem Olli und Paul aus ihrer Klasse. Ob das was mit dem Sommerblumen-Duft zu tun hat? Oder sind die beiden etwa in Pippa verliebt?

Arena

Jeder Band:
Kartoniert
www.arena-verlag.de